Bibliographic information published by the German National Library:

The German National Library lists this publication in the National Bibliography; detailed bibliographic data are available on the Internet at http://dnb.dnb.de .

Imprint:

Copyright © 2019 GRIN Verlag
Print and binding: Books on Demand GmbH, Norderstedt Germany
ISBN: 9783668876750

This book at GRIN:

https://www.grin.com/document/458120

Mike Nkongolo et al.

Une expressivité sémantique de la complexité d'alternance logique avec des variables continues

GRIN Verlag

GRIN - Your knowledge has value

Since its foundation in 1998, GRIN has specialized in publishing academic texts by students, college teachers and other academics as e-book and printed book. The website www.grin.com is an ideal platform for presenting term papers, final papers, scientific essays, dissertations and specialist books.

Visit us on the internet:

http://www.grin.com/

http://www.facebook.com/grincom

http://www.twitter.com/grin_com

Une Expressivité Sémantique de la Complexité D'alternance Logiques avec des Variables Continues

Mike Nkongolo, Roland Kalonji
Laby Ilumbe
Patrick Twuite Ilunga

Johannesburg, South-Africa

Abstract

Nous montrons que les logiques temporelles de temps de branchement CTL^*, ainsi que les logiques temporelles à temps alternatif $ATL^\dagger$, sont sémantiquement expressif dans la langue avec une seule variable propositionnelle, c'est-à-dire avec une offre illimitée de variables. Il en résulte que la satisfiabilité pour CTL, ainsi que pour ATL, avec une seule variable est $EXPTIME-$ *complète*, tandis que la satisfiabilité pour $C\hat{T}L$ comme ainsi que pour $A\hat{T}L$, avec une seule variable est $2EXPTIME - complète$, -i.e., pour ces logiques, la satisfiabilité pour les formules avec une seule variable est aussi difficile à satisfaire pour des formules arbitraires.

Keywords: Logiques Temporelles de temps de branchement, fragments de variables finies, complexité de calcul, sémantique et expressivité, problème de satisfiabilité, $CTL^* \rightarrow C\hat{T}L$, $ATL^* \rightarrow A\hat{T}L$

---

*The University of the Witwatersrand-School of Computer Science & Faculty of Engineering

†The University of Johannesburg-Department of Transport and Supply Chain

‡Shengyang AeroSpace University, China-College of Science

*CTL-Computation Tree Logic

†ATL-Alternating-Time Temporal Logic

*Preprint submitted to **Grin Publishing***   *February 4, 2019*

Abstract

The authors presented logical and mathematical proofs showing that $C\hat{T}L \rightarrow CTL^*$ and $A\hat{T}L \rightarrow ATL^*$ logics can be juxtaposed semantically and expressed themselves in the language with unary and propositional variables. It follows that satisfiability of CTL, as well as that of ATL, when they are unary, produced $EXPTIME - complete$ complexity, while satisfiability for $C\hat{T}L$ remains $2EXPTIME - complete$. Authors argued that for these logics, satisfiability for unary formulas (having a single variable) is also difficult to satisfy.

Keywords: ATL, CTL, satisfiability, Theoretical Computer Science, Symbolic Logic

1. Introduction

Les logiques temporelles de branchement-temps propositionnelles CTL [1, 2] sont depuis longtemps utilisés pour la spécification formelle et la vérification de programmes informatiques-parallèles sans terminaison [3, 2], tels que composante de systèmes d'exploitation, ainsi que dans la spécification formelle et la vérification du *hardware*. Plus récemment, les logiques temporelles à temps alternatif ATL [4, 2] ont été utilisés pour la spécification formelle et la vérification de multi-agents [5] et plus largement, les systèmes dits ouverts, c'est-à-dire les systèmes dont l'exactitude dépend sur les actions d'entités externes, telles que l'environnement ou d'autres agents. Les logiques CTL et ATL ont des applications à la conception des systèmes. Traditionnellement conçu comme ayant une spécification, une mise en oeuvre et phases de vérification. Tout d'abord, la tâche de vérifier qu'un système mis en œuvre est conforme à une spécification peut être effectuée en vérifiant qu'une formule exprimant la spécification est satisfaite dans la structure modélisant le système, pour le programme de vérification. Cette structure modélise généralement les chemins d'exécution du programme; cette tâche correspond au problème de vérification du modèle [6] pour la logique. Deuxièmement, la tâche de vérifier que la spécification d'un système est satisfaisable - et peut donc être mis en œuvre par un système - correspond au problème de satisfiabilité pour la logique. Pouvoir vérifier qu'une spécification est satisfaisable présente l'avantage évident d'éviter les efforts inutiles pour essayer de

2

mettre en œuvre des systèmes non satisfaisants. De plus, un algorithme qui vérifie la satisfiabilité d'une formule exprimant une spécification construit, explicitement ou implicitement, un modèle pour la formule, fournissant ainsi un modèle formel d'un système conforme à la spécification; ce modèle peut ensuite être utilisé dans la phase de mise en œuvre. Il y a de l'espoir qu'un jour, de tels modèles peuvent être utilisés dans le cadre d'une procédure à bouton-poussoir produisant assurément une implémentation correcte à partir d'un modèle de spécification. Les algorithmes de vérification de satisfiabilité développé pour CTL dans Emerson and Halpern [7], et pour ATL dans David [8] tous construisent implicitement un modèle pour la formule dont la satis-fiabilitlé est en cours de vérification. Dans cet article, nous nous intéressons au problème de la satisfiabilité pour CTL et ATL. Clairement, la complexité de la satisfiabilité pour ces logiques est d'une importance cruciale pour leurs applications aux spécifications formelles. C'est bien connu que, pour les for-mules susceptibles de contenir un nombre arbitraire de variables proposition-nelles, la complexité de la satisfiabilité pour toutes ces logiques est assez élevé: il est $EXPTIME - complet$ pour CTL [7], $2EXPTIME - complet$ pour $C\hat{T}L$, $EXPTIME - complet$ pour ATL [9] et $2EXPTIME - complet$ pour $A\hat{T}L$. Il a toutefois été observé (voir, par exemple, [10]) que, dans la pratique, les formules exprimant des spécifications formelles, bien qu'elles soient assez longues et contenant des opérateurs temporels profondément imbriqués, ne contiennent généralement qu'un très petit nombre des variables proposition-nelles, typiquement deux ou trois. La question qui se pose donc est de savoir si le nombre de variables propositionnelles autorisées à être utilisé dans la construction des formules que nous prenons en tant qu'entrées peut réduire la complexité du problème de satisfiabilité pour CTL, $C\hat{T}L$, ATL et $A\hat{T}L$. Un tel effet n'est pas inconnu en logique: on connaît des exemples de logiques dont la satisfiabilité pose le problème des insolubles à traiter une fois que nous plaçons une limite du nombre de variables propositionnelles autorisées dans la langue: ainsi, la satisfiabilité de la logique propositionnelle classique ainsi que celle des extensions de la logique modale $K5$ [11], qui inclut des logiques telles que $K45$, $KD45$ et $S5$ (voir aussi [12]), passe de $NP - complet$ à un temps polynomial décidable une fois que nous limitons le nombre de variables propositionnelles dans le langage à un (arbitraire) nombre fini. De même, comme il découle dans Nishimura [13], la satisfiabilité pour l'intuitionniste et sa logique propositionnelle passe de $PSPACE - complet$ à un temps poly-nomial décidable si nous n'autorisons qu'une seule variable propositionnelle dans la langue. La question est de savoir si la complexité de la satisfiabilité

3

pour CTL, $\hat{CTL}$, ATL et $\hat{ATL}$ peut être réduite en limitant le nombre de propositions. Les variables autorisées à être utilisées dans les formules n'ont cependant pas été étudiées dans la littérature, le présent document vise principalement à combler cette lacune. Une question similaire a reçu une réponse négative pour la Logic a Temps temporel linéaire LTL^4 dans Lodaya [2], où il a été montré, en utilisant une technique de preuve propre à LTL (en particulier, Lodaya [2] s'appuie sur le fait que pour LTL avec un nombre fini de la satisfiabilité des variables propositionnelles, on se réduit à la vérification du modèle), qu'une variable simple fragment de LTL est $PSPACE - complet$, c'est-à-dire difficile à calculer. Il convient de noter que, à cet égard, LTL se comporte comme la plupart des logiques modales et temporelles naturelles, pour lesquelles la présence d'une seule variable dans la langue est suffisante pour générer un fragment dont la satisfiabilité est aussi difficile que la satisfiabilité pour toute la logique. Les premiers résultats à cette effet a été prouvé dans Blackburn and Spaan [14] pour la logique de raisonnement sur les structures linguistiques et dans Švejdar [15] pour la logique de prouvabilité. Une méthode générale pour prouver de tels résultats pour la logique complète de $PSPACE$ a été proposée dans Goranko and Van Drimmelen [9]; même si Goranko and Van Drimmelen [9] considère que dans quelques logiques, la méthode peut être généralisée à de grandes classes de logiques, souvent dans le langage sans variables propositionnelles (ce n'est pas le cas, cependant, applicable à LTL, car il repose sur un branchement illimité dans les modèles de la logique qui va à l'encontre de la sémantique de LTL, d'où la nécessité d'une approche différente, comme dans [2]). Dans cet article, nous utilisons une modification appropriée de la technique de Goranko and Van Drimmelen [9] pour montrer que des fragments à variable unique de CTL et ATL sont aussi difficiles à calculer que l'ensemble des logiques; ainsi, pour ces logiques, la complexité de la satisfiabilité ne peut être réduite en limitant le nombre de variables dans la langue. Dans le présent document, nous modifions l'approche de Goranko and Van Drimmelen [9] en proposant des substitutions de formules à variable unique pour les variables propositionnelles pouvant être transformé en formules arbitraires, plutôt que des formules satisfaisant une propriété particulière, comme des preuves dans une structure. Cela nous permet de rompre avec la classe $PSPACE$ et traiter avec CTL, $\hat{CTL}$ et ATL dont tous sont au moins $EXPTIME - dur$. Une

---

[4]Linear Temporal Logic ou Linear-Time Temporal Logic

approche similaire a récemment été utilisée dans Rybakov and Shkatov [16] pour certaines autres logiques modales propositionnelles. Un sous-produit de notre approche, et une autre contribution de ce document, est que nous établissons des fragments à variable unique de CTL, $\hat{CTL}$, ATL et $\hat{ATL}$ qui sont aussi expressives que toute la logique, c'est-à-dire avec toutes les propriétés pouvant être spécifié avec une formule quelconque de la logique peut être spécifié avec une formule contenant une seule variable - en effet, nos résultats de complexité découlent de cela. Dans cette lumière, partant de l'observation précitée: en pratique, la plupart des propriétés intéressantes sont exprimable dans ces logiques en utilisant seulement un très petit nombre de variables - ce n'est pas du tout surprenant d'un point de vue purement mathématique non plus. Le document est structuré comme suit. Dans la section 2, nous introduisons la syntaxe et sémantique de CTL et $\hat{CTL}$. Ensuite, à la section 3, nous montrons que CTL et $\hat{CTL}$ peuvent être intégrés au temps polynomial dans leurs fragments à variable unique. En corollaire, nous obtenons cette satisfiabilité pour le seul fragment variable de CTL qui est $EXPTIME - complet$ et satisfiable pour la seule variable de CTL et qui est $2EXPTIME - complet$. Dans la section 4, nous introduisons la syntaxe et la sémantique de ATL et $\hat{ATL}$. Ensuite, dans la section 5, nous prouvons les résultats pour ATL et $\hat{ATL}$. C'est sont des analogies prouveés dans la section 3 pour CTL et $\hat{CTL}$. Nous concluons par la Section 6 en abordant d'autres formalismes liés aux logiques considérées dans cette article auquel notre technique de preuves peut être appliquée pour obtenir des résultats similaires.

2. Logiques temporelles de ramification

Nous commençons par rappeler brièvement la syntaxe et la sémantique de CTL et $\hat{CTL}$. Le langage de $\hat{CTL}$ contient un ensemble dénombrable $Var \in [p_1, p_2, ...]$ de variables propositionnel, la constante propositionnelle $\perp^5$, le connectif booléen $\rightarrow$ [6]. Le quantificateur de chemin et les connectives temporelles $\forall$ ("suivant") et $\bigcup$ ("jusqu'à"). Le langage contient deux types de formules: les formules d'état et les formules de chemin, ainsi appelées, car elles sont évaluées dans le modèles aux états et aux chemins, respectivement.

---

[5]Mensonge
[6]Si..., Alors...

Les Formules d'état et les formules de chemin sont définis simultanément par les expressions BNF suivantes:

$$\phi ::= p| \perp |(\phi \to \phi)|\forall\delta| \qquad (1)$$

$$\delta ::= \phi|\delta \to \delta|\delta\mu\delta| \bigcirc \delta| \qquad (2)$$

où p s'étend sur le Var. Les autres connecteurs booléens sont définis comme suit: $\neg A := (A \to \perp)$, $(A \wedge B) := \neg(A \to \neg B)$, $(A \vee B) := (\neg A \to B)$, et $(A \leftrightarrow B) := (A \leftrightarrow B)(B \leftrightarrow A)$, où A et B peuvent être soit l'état soit le chemin des formules. Nous définissons également: $\top =\perp\leftrightarrow\perp$, $\Diamond\phi :=$ $(\bigcup \phi)$,$:= \neg\Diamond\neg\phi$ et $:= \neg\forall\neg\phi$.

Les formules sont évaluées dans les modèles Kripke. Un modèle Kripke est un tuple $\eta = (S, \to, V)$, où S est un ensemble non vide (d'états), $\leftrightarrow$ est un binaire, une transition relationelle sur S qui est série (c'est-à-dire, pour chaque $s \in$ S, $\hat{s} \in S$ tel que $s \leftrightarrow \hat{s}$) et V est une fonction évaluative de V: Var $\leftrightarrow 2^s$. Une suite infinie $s_0, s_1, ...$ des états en η tels que si $s_i \leftrightarrow_{i+1}$, pour chaque $i > 0$, s'appelle un chemin. Étant donné un chemin π et quelques $i > 0$, on note $\pi[i]$ le ième élément de π et par $\pi[i, \infty]$ le suffixe de π commençant au ième élément. Si $s \in S$, on note $\Phi(s)$ l'ensemble de tous les chemins π tels que $\pi[0] = s$. La relation de satisfaction entre les modèles η, les états s et les formules d'état ϕ, ainsi qu'entre les modèles η, les chemins π et les formules de chemin , est défini comme suit:

$\eta, s \models p_i \rightleftharpoons s \in V(p_i)$

$\eta, s \models\perp$ [7]

$\eta, s \models \delta_1 \to \delta_2 \rightleftharpoons \eta, s \models \delta_1 \Rightarrow \eta, s \models \delta_2$

$\eta, \pi \models \forall\phi_1 \rightleftharpoons \eta, \pi[0] \models \delta_1$

$\eta, \pi \models \phi_1 \leftarrow \phi_2 \rightleftharpoons \eta, \pi \models \phi_1 \leftarrow \eta, \pi \models \phi_2$

$\eta, \pi \models \bigcirc \delta_1 \rightleftharpoons \eta, \pi[1, \infty] \models \phi_1$

$\eta, \pi \models \phi_1, \mu \ \phi_2 \rightleftharpoons \eta, \pi[i, \infty] \models \phi_2 \forall i => 0 \bigwedge \eta, \pi[j, \infty] \models \phi_1 \forall j \ s.t \ 0 <= j < i$

---

[7]Ne Tient Jamais

Une formule $\hat{CTL}$ est une formule d'état qui est satisfiable si elle est satisfaite par un état quelconque d'un modèle, et valide si elle est satisfaite par chaque état de chaque modèle. Formellement, on entend par CTL l'ensemble des valeurs valides des formules $\hat{CTL}$. Notez que cet ensemble est fermé sous substitution uniforme. La logique $\hat{CTL}$ peut être considérée comme un fragment de CTL ne contenant que des formules où un quantificateur de chemin est toujours associé à un connectif temporel. Cela interdit en particulier les formules dont le signe principal est un connectif temporel et, ainsi, élimine les formules de chemin. De tels opérateurs modaux composites sont $\forall \bigcirc$ (universel "suivant"), $\forall \bigcup$ (universel "jusqu'à") et $\bigcup$ (existentiel "jusqu'à"). Les formules sont définies par l'expression BNF suivante:

$$\phi ::= p| \perp |(\phi \leftarrow \phi)|\forall \ \bigcirc \phi|\forall(\phi\mu\phi)|\exists(\phi\mu\phi),$$

Où p est supérieur à Var. Nous définissons également $\neg\phi := (\phi \rightarrow \perp)$, $(\phi \bigwedge \psi) := \neg(\phi \rightarrow \psi)$, $(\phi\wedge) := (\neg\phi \rightarrow)$, $\top = \perp \rightarrow \perp$, $\exists\bigcirc := \neg\forall\bigcirc\neg\phi$, $\exists\lozenge\phi := \exists(\mu\phi) \wedge \forall\square\phi := \neg\exists\lozenge\neg\phi$.

La relation de satisfaction entre les modèles η, les états s et les formules ϕ est inductivement définis comme suit (nous ne listons que les cas des nouveaux-opérateurs modaux):

$\eta, s \models \forall \bigcirc \phi_1 \rightleftharpoons \eta, \hat{s} \models \phi_1$[8]

$\eta, s \models \forall(\phi_1, \mu\phi_2) \rightleftharpoons \forall \ path \ s \rightarrow s_1 \rightarrow ... \ with \ s_0 = s, \eta, s_i \models \phi_2, \forall i => 0, \ et \ \eta, s_j \models \phi_1\forall \ 0 <= j < i$

$\eta, s \models \exists(\phi_1, \mu\phi_2) \rightleftharpoons \exists \ path \ s_0 \rightarrow s_1 \rightarrow ... \ with \ s_0 = s, \ s.t \ \eta, s_i \models \phi_2, \forall i => 0, \ et \ \eta, s_j \models \phi_1\forall \ 0 <= j < i.$

Les formules satisfaisantes et valides sont définies comme pour CTL. Formellement, par CTL nous signifions l'ensemble des formules $\hat{CTL}$ valides; cet ensemble est fermé sous substitution. Pour chacune des logiques décrites ci-dessus, nous entendons par un fragment sans variable: le sous-ensemble de la logique ne contenant que des formules sans aucune variable propositionnelle. Étant donné les formules ϕ, ψ et une variable propositionnelle p, on

---

[8]N'importe quand $s \rightarrow \hat{s}$

note $[p/\psi]$ le résultat de la substitution uniforme de ψ à p dans ψ.

3. Fragments à variables finies de $C\hat{T}L$ et CTL

Dans cette section, nous considérons la complexité de la satisfiabilité pour les variables finies de CTL et $C\hat{T}L$, ainsi que l'expressivité sémantique de ces fragments. Nous commençons par noter que pour CTL et $C\hat{T}L$ la satisfaisabilité du fragment sans variable est décidable en temps polynomial. En effet, il est facile de vérifier que, pour ces logiques, chaque formule sans variable est équivalente à $\top$ ou à $\bot$. Ainsi, pour vérifier la satisfiabilité d'une formule sans variable, il suffit de remplacer récursivement chaque sous-formule de ϕ par $\bot$ ou, ce qui nous donne un algorithme qui fonctionne dans le temps linéaire . Vue que CTL et $C\hat{T}L$ sont au moins $EXPTIME - hard$ et $P \neq EXPTIME$, les fragments sans variable de ces logiques ne peuvent pas être aussi expressif que la logique entière. Nous prouvons ensuite que la situation change une fois que nous ne permettons à une variable d'être utilisé dans la construction de formules. Ensuite, nous pouvons exprimer tout ce que nous pouvons exprimer dans les langues complètes de CTL et $C\hat{T}L$; en conséquence, la complexité de satisfiabilité devient aussi difficile que la satisfiabilité pour les langues complètes. Dans ce qui suit, nous présentons d'abord la preuve pour CTL , puis nous indiquons comment ce travail est transféré à $C\hat{T}L$. Soit ϕ une formule CTL arbitraire. Sans perte de généralité, nous supposons que ϕ contient les variables propositionnelles $p_1,...p_n$. Soit p_{n+1} une variable ne se produisant pas dans ϕ. Tout d'abord et inductivement, nous devons définir la traduction $\hat{\cdot}$ comme suit $\hat{p}_i := p_i$, Où $i \in [1,...n]$:

$\hat{\bot} := \bot,$

$\widehat{(0 \to \psi)} = \hat{\Theta} \to \hat{\psi},$

$\hat{\neg(\forall\alpha)} := \forall\Box_{p_{n+1}\to\bigcirc\hat{\alpha}},$

$\widehat{(\bigcirc\alpha)} := \bigcirc\hat{\alpha}$

$\widehat{(\alpha\mu\beta)} := \hat{\alpha}\mu\hat{\beta}$

Nous avons: $\Theta := p_{n+1}$ *et* $\forall c(\exists\bigcirc_{p_{n+1}} \leftrightarrow p_{n+1})$ *et nous avons* $\hat{\phi} = \Theta \bigwedge \hat{\phi}$

Intuitivement, la traduction $\hat{\cdot}$ limite l'évaluation des formules aux états où p_{n+1} est vrai. La formule Θ joue le rôle de *gardien* en veillant à ce que tous les États ou les modèles satisfassent cette propriété. Notez que ϕ est

8

équivalent à $\hat{\phi}[p_{n+1}/\top]$.

Lemme 3.1. La formule ϕ est satisfiable si, et seulement si, la formule $\hat{\phi}$ est satisfiable.

Preuve . Supposons que $\hat{\phi}$ ne soit pas satisfiable. Alors, $\neg\hat{\phi} \in C\hat{T}L$ et, depuis que CTL est clos sous substitution, $\neg\hat{\phi}[p_{n+1}] \in CTL$. Comme $\neg\hat{\phi}[p_{n+1}/\top] \in C\hat{T}L$, alors $\neg\phi \in C\hat{T}L$; ainsi, ϕ n'est pas satisfaisable. Supposons que $\hat{\phi}$ soit satisfaite. En particulier, prenons $\eta, s_0 \models \hat{\phi}$ pour un modèle η et certains s_0 dans η. Definissons $\hat{\eta}$ comme un plus petit sous-modèle de η tel que:

$$\text{x} \in \hat{\eta}, x \to y, \ \text{x} \in \hat{\eta}, x \to y, et \ \eta, y \models p_{n+1} \ alors, \ y \in \hat{\eta}$$

Notez que, puisque $\eta, s_0 \models p_{n+1} \wedge \forall(\exists\bigcirc p_{n+1} \leftrightarrow p_{n+1})$, le modèle $\hat{\eta}$ est en série et p_{n+1} est vrai à chaque état de $\hat{\eta}$. Nous montrons maintenant que $\hat{\eta}, s_0 \models \phi$ est satisfaite. Vue que $\exists \hat{\eta}, s_0 \models \hat{\phi}$, il suffit de prouver que, pour chaque état x dans $\hat{\eta}$ et chaque sous-formule d'état ψ de ϕ, nous avons $\eta, x \models \hat{\psi}$, si et seulement si, $\hat{\eta}, x \models \psi$; et que, pour chaque chemin π dans $\hat{\eta}$ et chaque sous-formule α de ϕ, nous avons $\eta, \pi \models \hat{\alpha}$ si, et seulement si, $\hat{\eta}, \pi \models \alpha$. Cela peut être fait par induction simultanée sur ψ et α.

Soit $\psi := \forall\alpha$, donc $\hat{\psi} := \forall[p_{n+1} \to \hat{\alpha}]$. Supposons que $\eta, x \leftrightarrow \forall(p_{n+1} \to \hat{\alpha})$. Alors, $\eta, \pi, \leftarrow \hat{\alpha}$, pour certains $\pi \in \Pi(x)$ tels que $\eta, \pi[i] \models p_{n+1}$, pour chaque $i > 0$. Par construction $\hat{\eta}$, π est un chemin dans $\hat{\eta}$; ainsi, nous pouvons appliquer des hypothèses inductive pour conclure que $\hat{\eta}, \pi \leftrightarrow \alpha$. Donc, $\hat{\eta}, x \leftrightarrow \forall\alpha$, comme Champs obligatoires. Inversement, supposons que $\hat{\eta}, x \leftrightarrow \forall\alpha$. Alors, $\hat{\eta}, \pi \leftrightarrow \alpha$, pour certains $\pi \in \Pi(x)$. Clairement, π est un chemin dans η. Puisque p_{n+1} est vrai à chaque état dans $\hat{\eta}$ encor donc, à chaque état dans π, en utilisant l'hypothèse inductive, nous concluons que $m, x \leftrightarrow \forall(p_{n+1} \to \alpha)$.

Lemme 3.2. Si $\hat{\phi}$ est satisfiable, alors il est satisfait dans un modèle où p_{n+1} est vrai à chaque état.

Preuve. Si $\hat{\phi}$ est satisfiable, alors, comme cela a été montré dans la preuve du lemme 3.1, la formule $\hat{\phi}$ est satisfaite dans un modèle où p_{n+1} est vrai à chaque état; c'est-à-dire, $\eta, s \models \phi$ pour certains $\eta = (S, \to, V)$ tels que p_{n+1} soit vrai à chaque état de S et à certains $s \in S$. Puisque ϕ produit l'équivalence dans $\phi[p_{n+1}/\top]$, nous avons clairement $\eta, s \models \hat{\phi}$. Ensuite, nous modélisons toutes

9

les variables de ϕ par des formules à variable unique $A_1, ..., A_m$. Cela se fait de la manière suivante. Considérons la classe η des modèles qui, pour chaque $m \in [1, ..., n+1]$, contient un modèle $\eta_m = (S_m, \to, V_m)$ défini comme suit:

$S_m := [r_m, b^m, a_1^m, a_2^m, ..., a_{2m}^m];$

$\to := [(r_m, b^m), (r_m, a^m)] \bigcup [(a_i^m, a_{i+1}^m)] : [1 <= m < 2_{m-1}] \bigcup [(S, s) : s \in S_m];$

$s \in V_m(p)$ Ssi $S := r_m$ ou $s := a_{2k}^m \forall k \in [1, ..., m]$

Le modèle η_m est représenté à la figure 1, où les nodes représentent les états avec boucles. A chaque η_m, on associe une formule A_m, de la manière suivante. Il faut tout d'abord définir de manière inductive la séquence des formules:

$X_0 = \forall p;$

$X_{k+1} := p \bigwedge \exists \bigcirc (\neg p \bigwedge \exists \bigcirc X_k);$

$\forall m \in [1, ..., n+1] \leftrightarrow A_m \bigwedge \exists \bigcirc \forall p.$

Lemme 3.3. Soit $\eta_m \in M$ et x est un état dans η_k. Alors, $\eta_k, x \models A_m$ si, et seulement si, $k = m$ et $x = r_m$.
Preuve-Simple:

Figure 1: Notre Preuve Simple Graphique

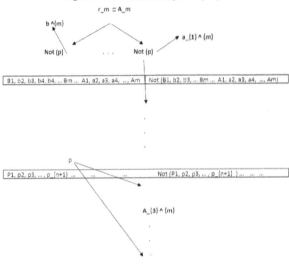

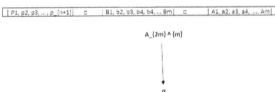

11

Lemme 3.4. La formule ϕ est satisfiable si, et seulement si, la formule $\hat{\phi}$ est satisfiable.

Preuve. Supposons que ϕ ne soit pas satisfiable. Alors, au vu du lemme 3.1, $\hat{\phi}$ n'est pas satisfiable. Ensuite, $\neg\hat{\phi} \in C\hat{T}L$ et depuis que $C\hat{T}L$ est fermé sous substitution, $\neg\hat{\phi} \in C\hat{T}L$. Ainsi, $\hat{\phi}$ n'est pas satisfiable. Ensuite, au vu des lemmes 3.1 et 3.2, ϕ est satisfiable dans un modèle $\eta = (S, \rightarrow, V)$ où p_{n+1} est vrai à chaque état. Nous pouvons supposer sans perte de généralité que chaque $x \in S$ est connecté par un chemin vers s. Définissons le modèle $\hat{\eta}$ comme suit. Ajouter à η tous les modèles de M (c'est-à-dire, celle qui prennent leur union disjointe), et pour chaque $x \in S$, créons r_m, la racine de η_m, accessible dans $\eta, x \models p_m$ exactement quand $\eta_m, x \hookleftarrow p_m$ est définie comme suit: pour les états de chaque η_m, l'évaluation est la même pour tout $x \in S$, soit $x! = \hat{V}(p)$. Nous montrons maintenant que $\hat{\eta}, s \models \hat{\phi}$ est facile de vérifier que $\hat{\eta}, s \models \sigma(\Theta)$. Il reste donc à montrer que $\hat{\eta}, s \models \phi\sigma(\hat{\phi})$. Pour cela, il suffit donc de prouver que $\eta, x \models \hat{\psi}$ si, et seulement si, $\hat{\eta}, x \models \sigma(\hat{\psi})$, pour chaque état $x \in \eta$ et chaque sous-formule d'état ψ et que $\eta, \pi \models \hat{\alpha}$ si, et seulement si, $\hat{\eta}, \pi \models \sigma(\hat{\alpha})$, pour chaque chemin π dans η et chaque sous-formule de chemin α de ϕ. Cela peut être fait par induction simultanée sur ψ et α. Soit $\psi = p_i$ alors $\hat{\psi} = P_i$ et $\sigma(=\hat{\psi}) = B_i$. Supposons que $\eta, x \models p_i$. Puis par construction de $\hat{\eta}$, nous avons $\eta, x \models B_i$. Inversement, supposons que $M, x \models B_i$. Comme quoi $\hat{M}, x \models B_i$ implique $\hat{M}, \hat{x} \models p_{\hat{n+1}}$. En effet, $r_m \models A_i$, vu le lemme 3.3, $m = i$, et donc par construction de $\hat{\eta}$, nous avons

$$\eta, m| = p_i$$

: les cas booléens sont simples-soit $\psi = \forall\alpha$, donc $\hat{\psi} = \forall(\bigcirc\forall(p_{n+1} \rightarrow \alpha))$. Supposons que $M, x \models \forall(p_{n+1} \rightarrow \alpha)$ puis, pour certains $\pi \in \Pi(x)$ tels que $M, \pi[i] \models p_{n+1}$ pour tout $i > 0$, nous avons $M, x \models \hat{\alpha}$. Clairement, π est un chemin dans $\hat{\eta}$ et donc, par hypothèse inductive, $\hat{\eta}, \pi[i] \models B_{n+1}$, pour tout $i > 0$. Par conséquent $\hat{\eta}, x \models \forall(B_{n+1}) \rightarrow \sigma(\hat{\alpha})$ comme demandé. Inversement, supposons que $\eta_m, m \models \forall(B_{n+1} \rightarrow \sigma(\hat{\alpha}))$. Puis, pour certains $\pi \in \Pi(x)$ tels que $\hat{\eta_m}, \pi[i] \models B_{m+1}$ pour tout $i > 0$. Par construction de $\hat{\eta_m}$, aucun état en dehors de S ne satisfait B_{m+1}, car nous savons que π est un chemin dans η. Ainsi, on peut utiliser l'hypothèse inductive pour conclure que $\eta, \pi_m \models \forall(p_{m+1} \rightarrow \hat{\pi})$. Les cas pour les connectives temporelles sont aussi simples.

Lemme 3.5. L'observation de la formule $\hat{\phi}$ utilise un temps poly nomial calculable à partir de ψ. Ceci nous donne ce qui suit:

Théorème 3.5. Il existe une fonction calculable en temps polynomial affectant à chaque formule CTL une formule ϕ à variable unique telle qu'elle soit satisfiable si, et seulement si, elle a un p_{m+1}.

Théorème 3.6. Le problème de satisfiabilité pour le fragment à variable unique de $C\hat{T}L$ est $2EXPTIME - complet$.
Preuve. La borne inférieure découle immédiatement du théorème 3.5 qui est $2EXPTIME - dure$ de satisfiabilité pour $C\hat{T}L$ [8, 16, 1]. La limite supérieure découle de $2EXPTIME$ en fonction de la satisfabilité pour $C\hat{T}L$.

Nous montrons maintenant comment l'argument présenté ci-dessus pour CTL peut être adapté à $C\hat{T}L$. Premièrement, nous remarquons que si notre seul objectif était de prouver que la satisfiabilité pour le fragment à variable unique de CTL est $EXPTIME - complet$, nous n'aurions pas besoin de travailler avec l'ensemble des connecteurs présents dans la langue de $C\hat{T}L$, - il suffirait de travailler avec un fragment relativement simple de CTL contenant les opérateurs modaux $\forall$ et $\neg\forall$, dont la satisfiabilité, comme suite de Nishimura [13], qui est $EXPTIME - dur$. Cependant, nous souhaitons également établir que la variable unique fragmente de $C\hat{T}L$ est aussi expressif que toute la logique; donc, nous intégrons le CTL entier dans son fragment à variable unique. À cette fin, nous pouvons effectuer un argument similaire à celui présenté ci-dessus pour CTL. Tout d'abord, nous définissons la traduction $\hat{\cdot}$ comme suit:

$\hat{p_i} := p_i, \forall i \in [1, ..., n];$
$(\hat{\perp}) := \perp;$
$(\widehat{\phi \to \phi}) := \hat{\phi} \to \hat{\psi}$
$(\widehat{\forall(\phi\mu\psi)}) := \forall(\hat{\phi}\mu(p_{n+1}) \wedge \hat{\psi})$
$(\widehat{\exists(\psi\mu\phi)}) := \exists(\hat{\psi}\mu(p_{m+1} \wedge \hat{\psi}))$

Ensuite, $\Theta := p_{n+1} \bigwedge \forall(\exists \bigcirc p_{n+1} \rightleftharpoons p_{n+1})$ et définissons:
$\hat{\lambda} \hat{=} \Theta \bigwedge \hat{\lambda}$
Intuitivement, la traduction $\hat{\cdot}$ limite l'évaluation des formules aux états p_{n+1} vrai. La formule λ joue le rôle de gardien aussi.

13

4. Logiques Temporelles à Temps Alternatifs

Les logiques temporelles à temps alternés ATL et $\hat{AT}L$ peuvent être conçu comme une généralisation de $C\hat{T}L$ et CTL, respectivement. Leurs modèles incorporent des transitions occasionnée par des actions simultanées des agents du système plutôt que par des moyens abstraits de transitions, comme dans CTL et $C\hat{T}L$. Nous raisonnons maintenant sur les chemins qui peuvent être forcé par des actions coopératives de coalitions d'agents, plutôt que simplement à propos de tous ($\forall$) et certains ($\exists$) chemins. Nous ne perdons pas la capacité de raisonner à propos de quelques chemins dans ATL et $\hat{AT}L$, cependant, donc ces logiques sont des généralisations de $C\hat{T}L$ et CTL, respectivement. Le langage d'ATL contient un ensemble fini non vide de noms d' agents (les sous-ensembles de AG-agents sont appelés coalitions); un ensemble dénombrable $Var = [p1, p2, ...]$ et des variables propositionnelles; la constante propositionnelle $\perp$; le connectif booléen $\rightarrow$; quantificateurs de coalition C, pour chaque $C \subseteq AG$; et connectifs temporels $\bigcirc$ ("Suivant"), μ ("jusqu'à") et $\Box$ ("toujours dans le futur"). La langue contient deux types de formules: les formules d'état et les formules de chemin. Formules d'État ϕ et Les formules de chemin d'accès α sont définies simultanément par les expressions BNF suivantes:

$$\phi := p(\perp \,|(\phi \rightarrow \phi))|[C]\lambda$$
$$\lambda ::= \phi|(\lambda \rightarrow \lambda)|(\lambda\mu\lambda) \bigcirc \lambda \forall C \subseteq AG\Box\lambda$$

Où C va sur des sous-ensembles de AG et p va sur Var. Les autres booléens et connecteurs temporelles sont définies comme pour $C\hat{T}L$. Les formules sont évaluées dans des modèles de jeu concurrents. Dans un jeu simultané le modèle est un tuple $\eta = (AG, S, Act, act, \varphi, V)$, où

1. $AG := [1, ... , k]$, ensemble fini d'agents non vide;
2. S, un ensemble d'états non vides;
3. Act, un ensemble d'actions non vides;
4. act, $AG \times S \rightarrow 2^{Act}$, une fonction gestionnaire d'actions assignant un ensemble d'actions disponibles à un agent dans un état;
5. φ, une fonction de transition affectant chaque état $s \in S$ et chaque action $\alpha = (\alpha_1, ..., \alpha_k)$, où α_a agit pour le couple (a, s), pour tout $a \in AG$, et l'état final $\varphi(s, \alpha)$;
6. V, est une fonction de valorisation pour $V := var \rightarrow 2^s$

La relation de satisfaction entre les modèles η, les états s et les formules d'état ϕ, ainsi qu'entre les modèles μ, les chemins π et les formules de chemin φ, est défini comme suit:

1. $\eta, s \models p_i \rightleftharpoons s \in V(p_i)$
2. $\eta, s \models \bot$ Ne tient Jamais
3. $\eta, s \models \lambda_1 \rightarrow \lambda_2 \rightleftharpoons \eta, s \models \lambda_1$ Implique $\eta, s \models \lambda_2$
4. $\eta, s \models [C]\lambda_1 \rightleftharpoons \exists C - Strategie\ str_C$ tel que $\eta, \pi \models \lambda_1\ \forall \pi \in \Pi(s, str_C)$
5. $\eta, \pi \models \lambda_1 \rightleftharpoons \eta, \pi[0] \models \lambda_1$
6. $\eta, \pi \models \lambda_1 \rightarrow \lambda_2 \rightleftharpoons \eta, \pi \models \lambda_1$ Implique $\eta, \pi \models \lambda_2$
7. $\eta, \pi \models \bigcirc \lambda_1 \rightleftharpoons \eta, \pi[1, \infty] \models \lambda_1$
8. $\eta, \pi \models \Box \lambda_1 \rightleftharpoons \eta, \pi[i, \infty] \models \lambda_1 \forall i => 0$ et $\eta, \pi[j, \infty] \models \lambda_1 \forall j$ Tel que $0 <= j <= i$

Remarque

Nous avons donné les définitions de satisfiabilité et de validité pour ATL et $A\hat{T}L$ qui supposent que l'ensemble de tous les agents AG présents dans la langue est-fixé à l'avance. Au moins deux autres notions de satisfiabilité (et donc de validité) pour ces logiques ont été discutés dans la littérature (voir, par exemple, [16]) - c'est-à-dire la satisfiabilité d'une formule dans un modèle où l'ensemble de tous les agents coïncide avec l'ensemble des agents nommés dans la formule et la satisfiabilité d'une formule dans un modèle où l'ensemble des agents est un ensemble quelconque, y compris les agents nommés dans la formule (dans ce cas, il suffit de considérer tous les agents nommés dans la formule), plus un agent supplémentaire. Dans ce qui suit, nous considérons explicitement et uniquement la notion de satisfiabilité pour un ensemble fixe d'agents; d'autres notions de satisfiabilité peuvent être traité de la même manière.

5. Fragments à variables finies d'ATL et $A\hat{T}L$

Nous commençons par noter cette satisfiabilité pour les fragments à la fois sans variable d' ATL et $A\hat{T}L$ qui sont décidable en temps polynomial, en utilisant un algorithme similaire à celui décrit pour CTL et $C\hat{T}L$. Il s'ensuit que des fragments d'ATL libre sans variable et $A\hat{T}L$ ne peuvent pas être aussi expressif.

Nous notons également que, comme on le sait, la satisfiabilité pour $C\hat{T}L$ est réductible en temps polynomial à celle d'$A\hat{T}L$ et la satisfiabilité pour CTL est réductible en temps polynomial à la satisfiabilité d'ATL. En utilisant la traduction qui remplace toute les occurrences de $\forall$ par $[\odot]$ et toutes les occurrences $\exists$ par $[AG]$. Ainsi, le théorème 3.6, ainsi que les limites supérieures connues [8, 16, 7, 13], donnent immédiatement les cas suivants:

$$([\hat{C}]\alpha) := [C](\Box P_{n+1} \to \hat{\alpha})$$

Ensuite,

$$\Theta := p_{n+1} \wedge [\odot]\Box([AG] \bigcirc p_{n+1} \leftrightarrow p_{n+1})$$

Et,

$$\hat{\epsilon} := \Theta \wedge \hat{\phi}$$

Ensuite, nous pouvons prouver les analogies de Lemmas 3.1 et 3.2. Nous modéliserons ensuite toutes les variables $\hat{\phi}$ des formules à variable unique $\hat{A}_1, A_2, ..., \hat{A}_m$. A cette fin, nous utilisons la classe des modèles de jeu concurrents $M = \hat{\eta}_1, \eta_2, ..., \hat{\eta}_m$ qui ressemblent beaucoup aux modèles $\eta_1, \eta_2, ..., \eta_m$ utilisé dans l'argument pour CTL. $\forall \hat{\eta}_i$, ayant $i \in [1, ..., m]$, l'ensemble des états de la valorisation de V comme pour ηi; de plus, chaque fois que $s \to \hat{s}$ s'enregistre dans η_i, nous fixons $\varpi(\alpha, S) = \hat{S}$, pour chaque profil d'action α. Les actions d_a disponibles pour un agent dans chaque état η_i sont toutes les actions disponibles dans tous les états du modèle auquel nous allons nous attacher de prouver l'analogie du lemme 3.4, ainsi qu'une action supplémentaire que nous devons définir en fonction des transitions entre les états de η et les racines de $\hat{\eta}_i$. On associe aussi la formule $\hat{A}_i$. Premièrement, il faut définir de manière inductive les séquence de formules:

$\hat{X}_0 := [\odot]\Box p;$
$X_{k+1} := \odot \wedge [AG] \bigcup (\neg p \wedge [AG] \bigcirc X_k);$
Ensuite, $\forall m \in [1, ..., n+1]$, nous avons $\hat{B}_m := [AG] \bigcirc \hat{A}_m$

Enfin, supposons que σ soit une substitution, une fonction qui, pour chaque $i \in [1, ..., n+1]$, remplace le p_i par $\hat{B}_i$, et soit $\hat{\varpi} := \sigma(\hat{\varpi})$. Ceci nous permet de prouver l'analogie du Lemme 3.4.

Lemme 5.4. La formule ϖ est satisfaisante si, et seulement si, la formule $\hat{\varpi}$ est satisfaisante.
Preuve. Analogie à la preuve du lemme 3.4. Lors de la construction du modèle $\hat{\eta}$, chaque fois que nous devons connecter un état η à la racine r_i, nous générons des action supplémentaire d_a, accessible à chaque agent a, et nous définissons aussi $\sigma(S, [d_a]_{a \in AG}) := r_i.\square$. Ainsi , nous avons ce qui suit:

Théorème 5.5. Il existe une fonction f calculable en temps polynomial t facilitant la signature de chaque formule $A\hat{T}L$. Une formule à variable unique $e(\varpi)$ telle que $e(\varpi)$ soit satisfaite si, et seulement si, ϖ est satisfaisante. Nous pouvons alors adapter l'argument pour la forme ATL que nous venons de présenter de la même manière. Nous avons adapté l'argument CTL en fonction de $C\hat{T}L$, en obtenant le résultat suivant:

Théorème 5.6. Il existe une fonction $\hat{f}$ calculable en temps polynomial $\hat{t}$ permettant de juxtaposer chaque formule ATL sur une formule à variable unique $e(\hat{\varpi})$ tel que $e(\hat{\varpi})$ est satisfaisant si, et seulement si, $e(\varpi)$ est satisfaisant.

6. Discussions

Nous avons montré que les logiques $C\hat{T}L \to CTL^*, CTL, A\hat{T}L \to ATL^*$ et ATL peuvent être intégrées au temps polynomial dans leurs fragments à variable unique; c'est-à-dire que leurs fragments à variable unique sont aussi expressifs que l'ensemble de la logique. Par conséquent, pour ces logiques, la satisfaction est aussi difficile à calculer lorsque l'on considère uniquement les formules d'une variable que lorsque l'on considère des formules arbitraires. La technique présentée dans cet article peut s'appliquer à de nombreuses autres logiques de calcul modales et temporelles considérées dans la littérature. Nous ne tenterons pas une liste exhaustive, mais citerons plutôt quelques exemples. Les preuves présentées dans cet article peuvent être étendues de manière assez simple aux logiques épistémiques temporelles et à temps alternatif [8, 2, 10, 12, 16], c'est-à-dire des logiques qui enrichissent les logiques examinées dans le présent document avec les opérateurs épistémiques de connaissances individuelles, distribuées et communes des agents. Notre approche peut être utilisée pour montrer que les fragments à variable unique de ces

17

logiques sont aussi expressifs que les logiques entières et que, par conséquent, la complexité de leur satisfaction est aussi dure $(EXPTIME - hard$ ou $2EXPTIME - hard)$ que pour les logiques entières. Il est clair que la même approche peut s'appliquer aux logiques épistémiques [15, 4], c'est-à-dire aux logiques contenant des opérateurs épistémiques, mais non temporal. Ces logiques sont largement utilisées pour raisonner sur le calcul distribué. Notre argument s'applique également aux logiques avec la modalité dite universelle [9] pour obtenir la complétude $EXPTIME$ sans variable. La technique présentée ici a également été récemment utilisée [16] pour montrer que les logiques dynamiques propositionnelles sont aussi expressives dans le langage sans variables propositionnelles que dans le langage avec un nombre infini de variables propositionnelles. Puisque notre méthode est modulaire dans la façon dont elle aborde les modalités présentes dans le langage, elle se prête naturellement aux langages modaux combinant diverses modalités - une tendance qui prend de l'importance depuis un certain temps déjà. La technique présentée dans cet article peut également être abordée dans les langages du premier ordre pour prouver des résultats d'indécidabilité concernant des fragments de logiques modales, voir [16]. Nous concluons en notant que, même si nous avons pu surmonter les limites de la technique de Halpern [12] décrite dans l'introduction, notre modification a ses propres limites. Elle n'est pas applicable aux logiques dont la sémantique interdit les ramifications, telles que les logiques LTL ou les logiques épistémiques temporelles du temps linéaire [12, 9]. Notre technique ne peut pas non plus être utilisée pour montrer que les fragments à variables infinies de systèmes logiques qui ne sont pas fermés par une substitution uniforme - telle que la logique PAL^9 [17] - ces logiques ont le même pouvoir expressif que l'ensemble du système. Cela n'empêche pas de les utiliser pour établir des résultats de complexité pour des fragments à variable infinie, à condition qu'ils contiennent des fragments, comme c'est le cas avec PAL dans van Ditmarsch et al. [17].

---

[9]Programmable Array Logic

Bibliography

[1] A. V. Chagrov, M. N. Rybakov, How many variables does one need to prove pspace-hardness of modal logics?, in: Advances in Modal Logic 4 (AiML'02, Citeseer.

[2] K. Lodaya, Stéphane demri, valentin goranko, and martin lange, temporal logics in computer science: Finite-state systems, cambridge tracts in theoretical computer science, vol. 58, cambridge university press, cambridge, 2016, viii+ 744 pp., Bulletin of Symbolic Logic 23 (2017) 203–204.

[3] M. Huth, M. Ryan, Logic in Computer Science: Modelling and reasoning about systems, Cambridge university press, 2004.

[4] R. Alur, T. A. Henzinger, O. Kupferman, Alternating-time temporal logic, Journal of the ACM (JACM) 49 (2002) 672–713.

[5] Y. Shoham, K. Leyton-Brown, Multiagent systems: Algorithmic, game-theoretic, and logical foundations, Cambridge University Press, 2008.

[6] E. M. Clarke Jr, O. Grumberg, Doron a. peled, Model Checking (2000).

[7] E. A. Emerson, J. Y. Halpern, Decision procedures and expressiveness in the temporal logic of branching time, Journal of computer and system sciences 30 (1985) 1–24.

[8] A. David, Deciding satisfiability by tableaux, in: International Conference on Automated Deduction, Springer, pp. 214–228.

[9] V. Goranko, G. Van Drimmelen, Complete axiomatization and decidability of alternating-time temporal logic, Theoretical Computer Science 353 (2006) 93–117.

[10] S. Demri, P. Schnoebelen, The complexity of propositional linear temporal logics in simple cases, Information and Computation 174 (2002) 84–103.

[11] M. Zakharyaschev, F. Wolter, A. Chagrov, Advanced modal logic, in: Handbook of philosophical logic, Springer, 2001, pp. 83–266.

[12] J. Y. Halpern, The effect of bounding the number of primitive propositions and the depth of nesting on the complexity of modal logic, Artificial
Intelligence 75 (1995) 361–372.

[13] I. Nishimura, On formulas of one variable in intuitionistic propositional
calculus, The Journal of Symbolic Logic 25 (1960) 327–331.

[14] P. Blackburn, E. Spaan, A modal perspective on the computational
complexity of attribute value grammar, Journal of Logic, Language and
Information 2 (1993) 129–169.

[15] V. Švejdar, The decision problem of provability logic with only one
atom, Archive for Mathematical Logic 42 (2003) 763–768.

[16] M. Rybakov, D. Shkatov, Complexity and expressivity of propositional
dynamic logics with finitely many variables, Logic Journal of the IGPL
(2018).

[17] H. van Ditmarsch, J. Ruan, W. van der Hoek, Model checking dynamic
epistemics in branching time, Formal Approaches to Multi-agent Systems 2007 (FAMAS 2007) (2007).

SUR GRIN VOS CONNAISSANCES
SE FONT PAYER

- Nous publions vos devoirs
  et votre thèse de bachelor et master

- Votre propre eBook et livre –
  dans tous les magasins principaux du monde

- Gagnez sur chaque vente

Téléchargez maintentant sur www.GRIN.com
et publiez gratuitement